p
mf
sf

Cantus.
Tenor.

Cantus.
Tenor.

30
cresc.

30
cresc.

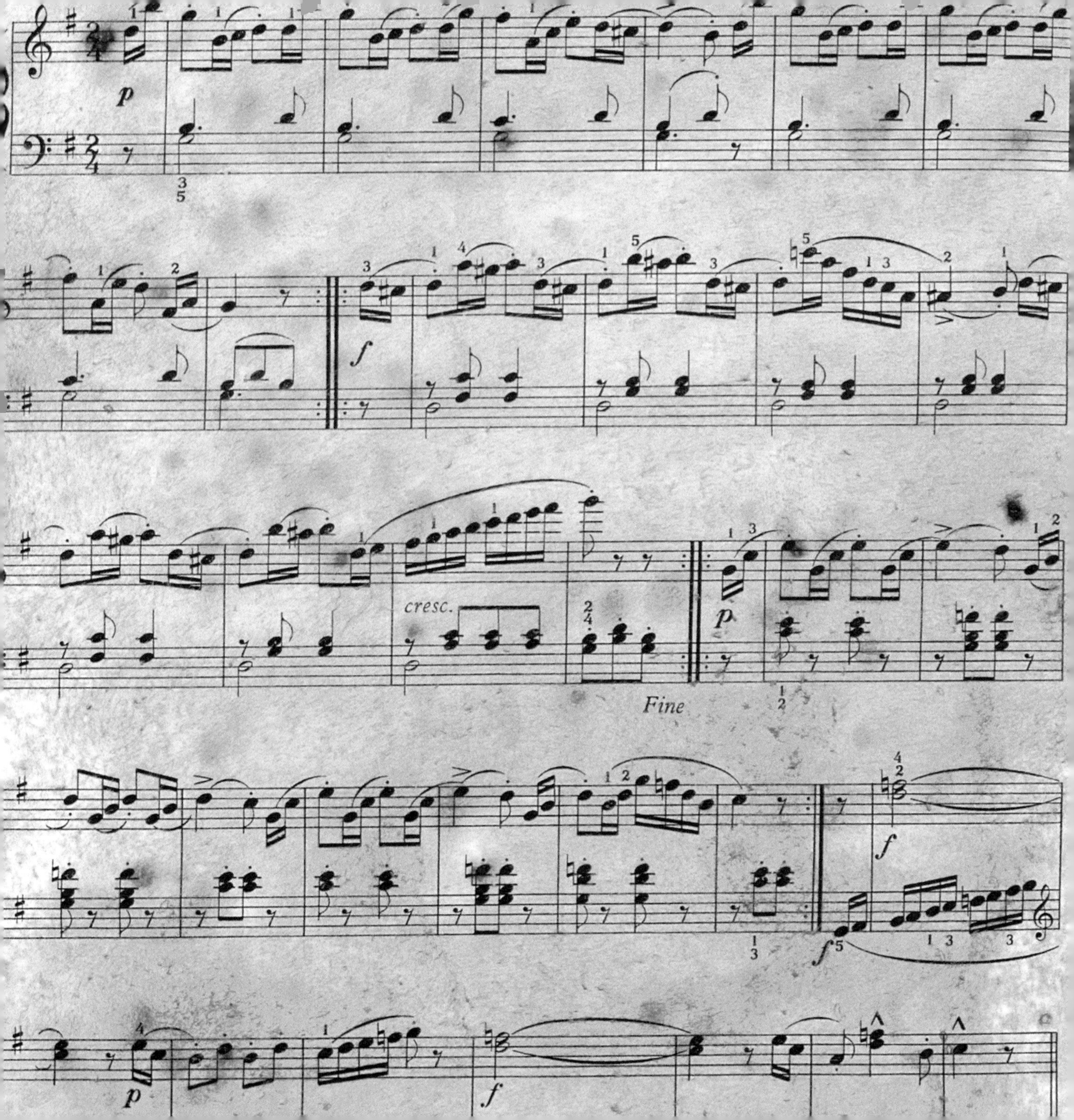
cresc.
Fine

p
f
cresc.
Fine
p
f
f
p
f

Tutti
Da capo
al ottava

po
or Tutti
Dacapo
al ottava

6

6

www.ingramcontent.com/pod-product-compliance
Lightning Source LLC
Chambersburg PA
CBRC090740080526
44579CB00016B/65

* 9 7 8 1 9 5 3 9 8 7 0 6 8 *